Hexenkalender
Light-Edition

2024

RUNEN • LEBENSBERATUNG • RITUALE

Hinweis

Sämtliche Anregungen und Anleitungen in diesem Buch entstammen dem volkstümlichen Brauchtum und dessen Interpretation der Autorin. Auch wenn die Angaben mit größter Sorgfalt zusammengetragen wurden, kann die Autorin keine Haftung für die Richtigkeit oder das Gelingen von Ritualen oder Rezepten übernehmen. Der Leser handelt stets in eigener Verantwortung. Dieses Buch oder Handlungsanregungen darin ersetzen weder den Gang zum Arzt oder Heilpraktiker, noch die Konsultation eines Rechtsanwaltes.

Fotos: Benjamin Nimtz / Maria Lessing
Umschlaggestaltung: Nicole Altenhoff
Illustrationen: Nelly Polychronidis
Satz: Maria Lessing
Astrologische Daten: Timo Wagenbach (www.astrologie-wagenbach.de)

Bibliografische Information der Deutschen Nationalbibliothek: Die Deutsche Nationalbibliothek verzeichnet die Publikation in der Deutschen Nationalbibliografie, detaillierte bibliografische Daten sind im Internet unter http://denb.denb.de abrufbar.

© Stefanie Gralewski

Herstellung und Verlag:
BoD – Books on Demand, Norderstedt
ISBN 9783757822750

"Ein Strahl Sonne kann mehr wecken, als tausend Nächte zu ersticken vermögen."

Carl Ludwig Schleich

Stefanie ᛉ Gralewski

RUNEN • LEBENSBERATUNG • RITUALE

Vorwort

"Ein Strahl Sonne kann mehr wecken, als tausend Nächte zu ersticken vermögen." Mit diesem Zitat von Carl Ludwig Schleich (Chirurg am Anfang des 20. Jahrhunderts) möchte ich Dich nach herausfordernden Jahren auf das Sonnen-Jahr 2024 einstimmen, welches uns Glück und Freude verspricht.

Auf dass der Jahreswechsel für Dich dennoch eine Zeit der Dankbarkeit sein kann. Dankbarkeit für all die positiven Erfahrungen, die sich trotz oder manchmal sogar in der Dunkelheit zeigten.

Mögen die vor uns liegenden Monate voller Licht, Liebe und Erfolge sein und ich wünsche Dir, dass Du das Beste aus jedem einzelnen Tag machst.

Was darf der erste Sonnenstrahl des neuen Jahres in Dir wecken?

Trau Dich wieder – groß – zu träumen!

Auf dass Deine Träume wahr werden.

Herzlichst,
Stefanie Gralewski

Gesetzliche Feiertage im Jahr 2024

(Stand 08.02.2023)

Tag	Datum	Namen	Bundesland
MO	01.01.	Neujahrstag	Bundesweit
SA	06.01.	Heilige Drei Könige	BW, BY, ST
FR	08.03.	Internat. Frauentag	BE, MV
FR	29.03	Karfreitag	Bundesweit
SO	31.03	Ostersonntag	BB
MO	01.04.	Ostermontag	Bundesweit
MI	01.05.	Tag der Arbeit	Bundesweit
DO	09.05.	Christi Himmelfahrt	Bundesweit
SO	19.05.	Pfingstsonntag	BB
MO	20.05.	Pfingstmontag	Bundesweit
DO	30.05.	Fronleichnam	BW, BY, HE, NW, RP, SL
DO	15.08.	Mariä Himmelfahrt	BY, SL
FR	20.09.	Weltkindertag	TH
DO	03.10.	Tag der Deutschen Einheit	Bundesweit
DO	31.10.	Reformationstag	BB, HB, HH, MV, NI, SN, ST, SH, TH
FR	01.11.	Allerheiligen	BW, BY, NW, RP, SL
MI	20.11.	Buß- und Bettag	SN
MI	25.12.	1. Weihnachtstag	Bundesweit
DO	26.12.	2. Weihnachtstag	Bundesweit

Liste der verwendeten Abkürzungen

BB	– Brandenburg	NW	– Nordrhein-Westfalen
BE	– Berlin	RP	– Rheinland-Pfalz
BW	– Baden-Württemberg	SH	– Schleswig-Holstein
BY	– Bayern	SL	– Saarland
HB	– Bremen	SN	– Sachsen
HE	– Hessen	ST	– Sachsen-Anhalt
HH	– Hamburg	TH	– Thüringen
MV	– Mecklenburg-Vorpommern		
NI	– Niedersachsen		

Kalenderübersicht 2024

Januar

Mo	Di	Mi	Do	Fr	Sa	So
1	2	3	4	5	6	7
8	9	10	11	12	13	14
15	16	17	18	19	20	21
22	23	24	25	26	27	28
29	30	31				

Februar

	Mo	Di	Mi	Do	Fr	Sa	So
5				1	2	3	4
6	5	6	7	8	9	10	11
7	12	13	14	15	16	17	18
8	19	20	21	22	23	24	25
9	26	27	28	29			

März

	Mo	Di	Mi	Do	Fr	Sa	So
9					1	2	3
10	4	5	6	7	8	9	10
11	11	12	13	14	15	16	17
12	18	19	20	21	22	23	24
13	25	26	27	28	29	30	31

April

	Mo	Di	Mi	Do	Fr	Sa	So
14	1	2	3	4	5	6	7
15	8	9	10	11	12	13	14
16	15	16	17	18	19	20	21
17	22	23	24	25	26	27	28
18	29	30					

Mai

	Mo	Di	Mi	Do	Fr	Sa	So
18			1	2	3	4	5
19	6	7	8	9	10	11	12
20	13	14	15	16	17	18	19
21	20	21	22	23	24	25	26
22	27	28	29	30	31		

Juni

	Mo	Di	Mi	Do	Fr	Sa	So
22						1	2
23	3	4	5	6	7	8	9
24	10	11	12	13	14	15	16
25	17	18	19	20	21	22	23
26	24	25	26	27	28	29	30

Juli

	Mo	Di	Mi	Do	Fr	Sa	So
27	1	2	3	4	5	6	7
28	8	9	10	11	12	13	14
29	15	16	17	18	19	20	21
30	22	23	24	25	26	27	28
31	29	30	31				

August

	Mo	Di	Mi	Do	Fr	Sa	So
31				1	2	3	4
32	5	6	7	8	9	10	11
33	12	13	14	15	16	17	18
34	19	20	21	22	23	24	25
35	26	27	28	29	30	31	

September

	Mo	Di	Mi	Do	Fr	Sa	So
35							1
36	2	3	4	5	6	7	8
37	9	10	11	12	13	14	15
38	16	17	18	19	20	21	22
39	23	24	25	26	27	28	29
40	30						

Oktober

	Mo	Di	Mi	Do	Fr	Sa	So
40		1	2	3	4	5	6
41	7	8	9	10	11	12	13
42	14	15	16	17	18	19	20
43	21	22	23	24	25	26	27
44	28	29	30	31			

November

	Mo	Di	Mi	Do	Fr	Sa	So
44					1	2	3
45	4	5	6	7	8	9	10
46	11	12	13	14	15	16	17
47	18	19	20	21	22	23	24
48	25	26	27	28	29	30	

Dezember

	Mo	Di	Mi	Do	Fr	Sa	So
48							1
49	2	3	4	5	6	7	8
50	9	10	11	12	13	14	15
51	16	17	18	19	20	21	22
52	23	24	25	26	27	28	29
1	30	31					

Montag **01** Januar TE: Mond ☽ (Intuition/Frau)	KW 1 **Neujahrstag** Mond → Jungfrau
Dienstag **02** Januar TE: Mars ♂ (Mut/Stärke)	Merkur direktläufig
Mittwoch **03** Januar TE: Merkur ☿ (Dialog/Handel)	Mond → Waage
Donnerstag **04** Januar TE: Jupiter ♃ (Geld/Job)	

Mond → Skorpion	Freitag **05** Januar TE: Venus ♀ (Liebe/Beauty)
Heilige Drei Könige (BW, BY, ST)	Samstag **06** Januar TE: Saturn ♄ (Lösung/Ende)
Mond → Schütze	Sonntag **07** Januar TE: Sonne ☉ (Mann/Energie)

Tag der babylonischen Göttin Nanshe am 1. Januar

Nanshe schaut, so sagt man, am Neujahrstag auf das vergangene Jahr und beurteilt die Taten der Menschen. Auch Du kannst diesen Tag gut für eine Bilanz des alten Jahres und die Ausrichtung auf das Neue nutzen.

Um Dich für die Segnungen des vergangenen Jahres erkenntlich zu zeigen, kannst Du Nanshe ein Dank-Opfer darbringen. Schreibe dazu alles Positive, das Dir im Jahr 2023 widerfahren ist, auf einen Zettel. Falte ein Papierboot daraus und fülle es mit Blüten, Honig, Obst etc. Lass das Schiffchen in einem Fluss zu Wasser und geh davon, ohne Dich umzusehen.

Montag **08** Januar TE: Mond ☽ (Intuition/Frau)	KW 2
Dienstag **09** Januar TE: Mars ♂ (Mut/Stärke)	
Mittwoch **10** Januar TE: Merkur ☿ (Dialog/Handel)	Mond → Steinbock
Donnerstag **11** Januar **Neumond** TE: Jupiter ♃ (Geld/Job)	

Mond → Wassermann	**Freitag** **12** Januar TE: Venus ♀ (Liebe/Beauty)
	Samstag **13** Januar TE: Saturn ♄ (Lösung/Ende)
Mond → Fische	**Sonntag** **14** Januar TE: Sonne ☉ (Mann/Energie)

Tag der römischen Göttin Justitia am 08. Januar

Sie ist eine auch heute noch bekannte Göttin aus dem antiken Rom, die personifizierte Gerechtigkeit und eng mit dem modernen Rechtswesen verbunden. Zünde heute eine graue Kerze an, die mit Deinem Namen beschriftet ist, wenn Du Dich ungerecht behandelt fühlst oder einen für Dich positiven Ausgang einer Rechtsangelegenheit wünschst.

Montag **15** Januar	KW 3
TE: Mond ☽ (Intuition/Frau)	
Dienstag **16** Januar	Mond → Widder
TE: Mars ♂ (Mut/Stärke)	
Mittwoch **17** Januar	
TE: Merkur ☿ (Dialog/Handel)	
Donnerstag **18** Januar	Mond → Stier
TE: Jupiter ♃ (Geld/Job)	

	Freitag **19** Januar
	TE: Venus ♀ (Liebe/Beauty)
Sonne → Wassermann Mond → Zwillinge	Samstag **20** Januar
	TE: Saturn ♄ (Lösung/Ende)
	Sonntag **21** Januar
	TE: Sonne ☉ (Mann/Energie)

Tag der römischen Göttin Carmenta am 11. Januar

Ein Carmenta-Ritual hilft, die Liebe ins Leben zu ziehen. Brühe dazu einen Tee aus je einem Teelöffel Jasmin-, Rosen- und Kamillenblüten auf 500 ml Wasser auf. Gib eine Prise Muskat, einen Teelöffel Honig und einen gereinigten Rosenquarz-Trommelstein hinzu. Rühre mit einem Löffel dreimal im Uhrzeigersinn um, während Du Dir vorstellst, dass Du das Liebesglück nun wie ein Magnet anziehst. Die Hälfte des Tees trinkst Du dann, die andere Hälfte gießt Du als Geschenk für Carmenta an einem schönen Platz auf die Erde. Den Stein kannst Du als Glücksbringer bei Dir tragen.

Montag **22** Januar	KW 4 Mond → Krebs
TE: Mond ☽ (Intuition/Frau)	
Dienstag **23** Januar	
TE: Mars ♂ (Mut/Stärke)	
Mittwoch **24** Januar	Merkur direktläufig
TE: Merkur ☿ (Dialog/Handel)	
Donnerstag **25** Januar **Vollmond**	Mond → Löwe
TE: Jupiter ♃ (Geld/Job)	

	Freitag **26** Januar TE: Venus ♀ (Liebe/Beauty)
Mond → Jungfrau	Samstag **27** Januar TE: Saturn ♄ (Lösung/Ende)
	Sonntag **28** Januar TE: Sonne ☉ (Mann/Energie)

Tag der ägyptischen Göttin Hathor am 23. Januar

Dem Mythos nach wird der Sonnengott Re durch Hathor an jedem Abend verschlungen und an jedem Morgen neu geboren. Wenn Du Dich morgens nicht wie neu geboren fühlst, leg einen oder mehrere Amazonit-Steine auf Deinen Nachttisch. Dem Glauben nach soll dieser Stein seelische Blockaden lösen, gegen negative Gedanken wirken und dadurch für erholsamen Schlaf sorgen. Auch ein abendliches Gebet an Hathor mit einem Dank für den Tag hilft, die Gedanken zu sortieren und sich auf das Gute im Leben zu konzentrieren.

Montag **29** Januar TE: Mond ☽ (Intuition/Frau)	KW 5
Dienstag **30** Januar TE: Mars ♂ (Mut/Stärke)	Mond → Waage
Mittwoch **31** Januar TE: Merkur ☿ (Dialog/Handel)	
Donnerstag **01** Februar TE: Jupiter ♃ (Geld/Job)	Mond → Skorpion

	Freitag **02** Februar TE: Venus ♀ (Liebe/Beauty)
	Samstag **03** Februar TE: Saturn ♄ (Lösung/Ende)
Mond → Schütze	Sonntag **04** Februar TE: Sonne ☉ (Mann/Energie)

Tag des aztekischen Gottes Patecatl am 31. Januar

Er ist der Gott der Heilkunst und der Fruchtbarkeit. An ihn kannst Du Dich wenden, wenn Du Dir Nachwuchs wünschst. Eine Räucherung mit dem ihm heiligen Copal-Harz gilt ihm als Opfer und wirkt entspannend und unterstützt die Verbindung zur eigenen Wunschkraft. Doch auch wenn Du mit anderen Wünschen "schwanger gehst" – zum Beispiel bei beruflichen oder privaten Projekten – dann ist Patecatl der richtige Ansprechpartner. Eine Kerze je nach Wunsch (z. B. grün für berufliche und finanzielle Wünsche / rot für Liebe und Fruchtbarkeit) hilft Dir, Dich auf Dein Ziel zu konzentrieren.

Montag **05** Februar TE: Mond ☽ (Intuition/Frau)	KW 6
Dienstag **06** Februar TE: Mars ♂ (Mut/Stärke)	Mond → Steinbock
Mittwoch **07** Februar TE: Merkur ☿ (Dialog/Handel)	
Donnerstag **08** Februar TE: Jupiter ♃ (Geld/Job)	Mond → Wassermann

	Freitag **09** Februar **Neumond** TE: Venus ♀ (Liebe/Beauty)
Mond → Fische	**Samstag** **10** Februar TE: Saturn ♄ (Lösung/Ende)
	Sonntag **11** Februar TE: Sonne ☉ (Mann/Energie)

Tag der griechischen Göttin Selene am 7. Februar

Sie ist die Mondgöttin, Schwester der Sonne, Königin der Nacht. Sie regiert über die Gewässer der Welt und alle Flüssigkeiten des Körpers, aber auch über die Gefühle und das Unterbewusstsein.

Du kannst Selene um Unterstützung im Gefühlschaos bitten, indem Du eine silberne (alternativ eine weiße) Kerze mit einer Mondsichel beschriftest und dann abbrennst.

Montag **12** Februar TE: Mond ☽ (Intuition/Frau)	KW 7 Mond → Widder
Dienstag **13** Februar TE: Mars ♂ (Mut/Stärke)	
Mittwoch **14** Februar TE: Merkur ☿ (Dialog/Handel)	Mond → Stier
Donnerstag **15** Februar TE: Jupiter ♃ (Geld/Job)	

	Mond → Zwillinge	**Freitag** **16** Februar
		TE: Venus ♀ (Liebe/Beauty)

		Samstag **17** Februar
		TE: Saturn ♄ (Lösung/Ende)

		Sonntag **18** Februar
		TE: Sonne ☉ (Mann/Energie)

Buddhistischer Parinirvana Tag am 15. Februar

Damit wird an den Tod Buddhas und an seinen Einzug ins Nirvana gedacht. Von manchen Buddhisten wird dieser Tag auch am 8. Februar gefeiert. Mit dem sogenannten "Erlöschen im Nirvana" durchbrach Buddha aufgrund seiner Erleuchtung den Kreislauf des Leidens und der Wiedergeburt und erreichte somit das höchste Glück. Das Erlöschen im Nirvana, ob zu Lebzeiten oder nach dem Tod, ist das Ziel des buddhistischen Glaubens.

An diesem Tag darfst Du Dir etwas Zeit nehmen und an Deine verstorbenen Angehörigen und Deine eigene Sterblichkeit denken. Danach darfst Du (oder vielmehr: musst!) den Tag in vollen Zügen und in ganz besonderer Achtsamkeit genießen.

Montag **19** Februar TE: Mond ☽ (Intuition/Frau)	KW 8 Mond → Krebs Sonne → Fische
Dienstag **20** Februar TE: Mars ♂ (Mut/Stärke)	
Mittwoch **21** Februar TE: Merkur ☿ (Dialog/Handel)	Mond → Löwe
Donnerstag **22** Februar TE: Jupiter ♃ (Geld/Job)	

	Freitag **23** Februar TE: Venus ♀ (Liebe/Beauty)
Mond → Jungfrau	Samstag **24** Februar **Vollmond** TE: Saturn ♄ (Lösung/Ende)
	Sonntag **25** Februar TE: Sonne ☉ (Mann/Energie)

Römisches Refugium am 24. Februar

Bei diesem Fest unter der Leitung des höchsten römischen Priesters wurde im antiken Rom den Göttern ein Trankopfer dargebracht.

Diese Energie hat sich bis heute gehalten und bietet auch Dir die Gelegenheit, Dich bei den Göttern für die Segnungen und Gaben zu bedanken.

Hierzu kannst Du zum Beispiel ein wertvolles Getränk wie etwa edlen Wein oder Whiskey an einem schönen Platz vergießen.

Montag **26** Februar TE: Mond ☽ (Intuition/Frau)	KW 9 Mond → Waage
Dienstag **27** Februar TE: Mars ♂ (Mut/Stärke)	
Mittwoch **28** Februar TE: Merkur ☿ (Dialog/Handel)	Mond → Skorpion
Donnerstag **29** Februar TE: Jupiter ♃ (Geld/Job)	Schalttag

	Freitag **01** März TE: Venus ♀ (Liebe/Beauty)
Mond → Schütze	Samstag **02** März TE: Saturn ♄ (Lösung/Ende)
	Sonntag **03** März TE: Sonne ☉ (Mann/Energie)

Schalttag am 29. Februar

Alten Überlieferungen zufolge können alle, die am 29. Februar geboren wurden, Geister sehen.

Generell war (und ist auch heute noch) den meisten Menschen eine solche Abweichung von der Regel unheimlich. Zwar wird dieser Tag nicht mehr überall als Unglück bringend gesehen, doch vermeidet man traditionell Rituale und Orakel. Verbringe diesen "Extra-Tag" am besten mit Muße und gönne Dir zumindest ein paar Minuten Entspannung.

Montag **04** März	KW 10 Mond → Steinbock
TE: Mond ☽ (Intuition/Frau)	
Dienstag **05** März	
TE: Mars ♂ (Mut/Stärke)	
Mittwoch **06** März	
TE: Merkur ☿ (Dialog/Handel)	
Donnerstag **07** März	Mond → Wassermann
TE: Jupi- ter ♃ (Geld/Job)	

Frauentag (BE, MV)	Freitag **08** März TE: Venus ♀ (Liebe/Beauty)
Mond → Fische	Samstag **09** März TE: Saturn ♄ (Lösung/Ende)
	Sonntag **10** März **Neumond** TE: Sonne ☉ (Mann/Energie)

Tag des griechischen Gottes Adonis am 9. März

In der griechischen Mythologie ist Adonis der Gott der Schönheit und Vegetation. Er ist einer der Geliebten der Göttin Aphrodite und wird als wunderschöner Jüngling beschrieben.

Du kannst diese besondere Energie des Tages nutzen, um die Männer in Deinem Umfeld zu stärken. Entzünde dazu eine rote und eine gelbe Kerze, in die Du den Namen Deines Mannes, Bruders, Partners, Sohnes (oder auch Deinen eigenen, wenn Du ein Mann bist) hinein ritzt. Lass die Kerzen zusammen abbrennen, um die männliche Energie zu stärken.

Montag **11** März TE: Mond ☽ (Intuition/Frau)	KW 11 Mond → Widder
Dienstag **12** März TE: Mars ♂ (Mut/Stärke)	
Mittwoch **13** März TE: Merkur ☿ (Dialog/Handel)	Mond → Stier
Donnerstag **14** März TE: Jupiter ♃ (Geld/Job)	

	Mond → Zwillinge	Freitag
		15
		März
		TE: Venus ♀ (Liebe/Beauty)

		Samstag
		16
		März
		TE: Saturn ♄ (Lösung/Ende)

	Mond → Krebs	Sonntag
		17
		März
		TE: Sonne ☉ (Mann/Energie)

Shinto Kasuga Matsuri am 13. März

Dieses gilt als eins der drei wichtigsten Feste Japans. Dabei werden an den Schreinen der Götter und an anderen Kraftplätzen Opfergaben hinterlegt.

Nutz die heutige Energie, um Kraftplätze in Deiner Gegend zu besuchen. Das können zum Beispiel große Findlinge, Hügelgräber oder Ritualplätze uralter Religionen sein – aber auch Kirchen und andere Gotteshäuser. Oftmals herrscht an diesen Orten eine besondere Ruhe, mit der Du auftanken kannst. Vielleicht möchtest Du dort auch eine Kerze anzünden und die Energie für den Alltag mitnehmen.

Montag **18** März	KW 12
TE: Mond ☽ (Intuition/Frau)	
Dienstag **19** März	Mond → Löwe
TE: Mars ♂ (Mut/Stärke)	
Mittwoch **20** März	Tagundnachtgleiche Sonne → Widder
TE: Merkur ☿ (Dialog/Handel)	
Donnerstag **21** März	
TE: Jupiter ♃ (Geld/Job)	

	Freitag
Mond → Jungfrau	**22**
	März
	TE: Venus ♀ (Liebe/Beauty)

	Samstag
	23
	März
	TE: Saturn ♄ (Lösung/Ende)

	Sonntag
Mond → Waage	**24**
	März
	TE: Sonne ☉ (Mann/Energie)

Neuheidnisches / germanisches Ostara am 20. März

Das Erwachen der Natur wird zur Tagundnachtgleiche üppig gefeiert. Eier, Hasen, Lämmer und ähnliche Symbole waren schon in vorchristlicher Zeit Frühlingsboten. Zieh das Ostereierfärben doch vor und bemale Hühnereier mit Spiralen, Runen und anderen magischen Symbolen. Besonders die Farben Rot und Gold stehen für Fruchtbarkeit – die vorherrschende Energie der letzten und auch kommenden Wochen.

Zur Tagundnachtgleiche ist alles in Balance. Wenn Du in diesem Jahr Deinen Vorsätzen noch hinterher hängst, so ist heute die Gelegenheit, noch einmal neu zu starten.

.

Montag **25** März **Vollmond** TE: Mond ☽ (Intuition/Frau)	KW 13
Dienstag **26** März TE: Mars ♂ (Mut/Stärke)	
Mittwoch **27** März TE: Merkur ☿ (Dialog/Handel)	Mond → Skorpion
Donnerstag **28** März TE: Jupiter ♃ (Geld/Job)	

Karfreitag Mond → Schütze	Freitag **29** März TE: Venus ♀ (Liebe/Beauty)
	Samstag **30** März TE: Saturn ♄ (Lösung/Ende)
Ostersonntag (BB) Zeitumstellung	Sonntag **31** März TE: Sonne ☉ (Mann/Energie)

Karfreitag am 29. März

Dem Volksglauben nach beginnen heute die Kuckucksrufe. Achte bei einem Waldspaziergang unbedingt darauf. Denn einer alten Überlieferung nach geht Dir mit folgendem Ritual das ganze Jahr über das Geld nicht aus:
Während der Kuckuck ruft, solltest Du entweder Dein Geld zählen oder dreimal auf den Geldbeutel klopfen.
Du musst aber fertig sein, bevor der Ruf des Vogels verhallt. Du hast es beim ersten Anlauf nicht geschafft? Kein Problem! Harre einen Moment aus und probiere es beim nächsten Ruf noch einmal.

Montag **01** April TE: Mond ☽ (Intuition/Frau)	KW 14 **Ostermontag** Merkur rückläufig (bis 02.04.2024) Mond → Steinbock
Dienstag **02** April TE: Mars ♂ (Mut/Stärke)	
Mittwoch **03** April TE: Merkur ☿ (Dialog/Handel)	Mond → Wassermann
Donnerstag **04** April TE: Jupiter ♃ (Geld/Job)	

	Mond → Fische	**Freitag**
		05
		April
		TE: Venus ♀ (Liebe/Beauty)
		Samstag
		06
		April
		TE: Saturn ♄ (Lösung/Ende)
	Mond → Widder	**Sonntag**
		07
		April
		TE: Sonne ☉ (Mann/Energie)

Tag der slawischen Göttin Lada am 6. April

Sie ist die Göttin der Schönheit und der Liebe. Der Wortteil "Lad" bedeutet jedoch auch Frieden, Einheit, Harmonie.

Hast Du einen Liebeswunsch? Dann schreibe diesen auf einen Zettel, bitte Lada um Unterstützung und vergrabe den Zettel unter einer Linde – ihr heiliger Baum.

Montag **08** April **Neumond** TE: Mond ☽ (Intuition/Frau)	KW 15 Sonnenfinsternis
Dienstag **09** April TE: Mars ♂ (Mut/Stärke)	Mond → Stier
Mittwoch **10** April TE: Merkur ☿ (Dialog/Handel)	
Donnerstag **11** April TE: Jupiter ♃ (Geld/Job)	Mond → Zwillinge

	Freitag
	12 April
	TE: Venus ♀ (Liebe/Beauty)

Mond → Krebs	Samstag
	13 April
	TE: Saturn ♄ (Lösung/Ende)

	Sonntag
	14 April
	TE: Sonne ☉ (Mann/Energie)

Neumond am 8. April

Der Mond nimmt wieder zu und nun passen vor allem Rituale, bei denen etwas wachsen oder weiter gehen soll. Vielleicht wünschst Du Dir einen beruflichen Neuanfang?

Du benötigst drei grüne Wollfäden und einen kleinen Zettel. Schreib auf den Zettel – möglichst detailliert – welche berufliche Situation Du Dir ersehnst. Falte den Zettel so klein wie möglich zusammen und binde die Wollfäden darum. Achte darauf, dass es insgesamt neun Knoten gibt. Vergrabe den Zettel an einem schönen Ort und arbeite an Deinen Zielen. Der wachsende Mond unterstützt Dich.

Montag **15** April	KW 16
TE: Mond ☽ (Intuition/Frau)	
Dienstag **16** April	Mond → Löwe
TE: Mars ♂ (Mut/Stärke)	
Mittwoch **17** April	
TE: Merkur ☿ (Dialog/Handel)	
Donnerstag **18** April	Mond → Jungfrau
TE: Jupiter ♃ (Geld/Job)	

	Sonne → Stier	**Freitag**
		19
		April
		TE: Venus ♀
		(Liebe/Beauty)

		Samstag
		20
		April
		TE: Saturn ♄
		(Lösung/Ende)

	Mond → Waage	**Sonntag**
		21
		April
		TE: Sonne ☉
		(Mann/Energie)

Beginn der Mai-Aquariiden am 19. April

Bis zum 28. Mai begleiten uns die Sternschnuppen am frühmorgendlichen Himmel, die scheinbar aus dem Sternzeichen Wassermann kommen. Etwa eine Stunde vor Sonnenaufgang kann man am östlichen Himmel nahe beim Sternbild Pegasus viele Sternschnuppen sehen. Nutze die Gelegenheit und wünsch Dir was! Einer alten Überlieferung nach ist die Erfüllung des Wunsches besonders sicher, wenn Du Dir bei der ersten Sternschnuppe, die Du siehst, zunächst etwas für jemand anderen wünschst und erst bei der folgenden Sternschnuppe Deinen eigenen Wunsch nennst.

Montag **22** April TE: Mond ☽ (Intuition/Frau)	KW 17
Dienstag **23** April TE: Mars ♂ (Mut/Stärke)	Mond → Skorpion
Mittwoch **24** April **Vollmond** TE: Merkur ☿ (Dialog/Handel)	
Donnerstag **25** April TE: Jupiter ♃ (Geld/Job)	Merkur direktläufig

Mond → Schütze	Freitag **26** April TE: Venus ♀ (Liebe/Beauty)
	Samstag **27** April TE: Saturn ♄ (Lösung/Ende)
Mond → Steinbock	Sonntag **28** April TE: Sonne ☉ (Mann/Energie)

Tag des katholischen Heiligen Petrus am 27. April

Petrus ist das Bindeglied zwischen Jesus Christus und dem römischen Papsttum. Dieses beruht darauf, dass Jesus dem Simon einen neuen Namen gab (Petrus=Fels), mit den Worten: "... auf diesen Fels werde ich meine Kirche bauen." Auch für Nicht-Christen ist dieser Tag ein guter Moment zum Innehalten. Vielleicht magst Du Dir Zeit für eine Meditation nehmen? Die folgenden Fragen sind besonders passend zur heutigen Energie: Worauf baue ich mein Leben auf? Woran halte ich mich fest? Was gibt meinem Leben Stabilität? Wer ist der Fels in meinem Leben?

Montag **29** April	KW 18
TE: Mond ☽ (Intuition/Frau)	

Dienstag **30** April	Mond → Wassermann
TE: Mars ♂ (Mut/Stärke)	

Mittwoch **01** Mai	**Tag der Arbeit**
TE: Merkur ☿ (Dialog/Handel)	

Donnerstag **02** Mai	Mond → Fische
TE: Jupiter ♃ (Geld/Job)	

	Freitag
	03
	Mai
	TE: Venus ♀ (Liebe/Beauty)

Mond → Widder	Samstag
	04
	Mai
	TE: Saturn ♄ (Lösung/Ende)

	Sonntag
	05
	Mai
	TE: Sonne ☉ (Mann/Energie)

Germanisches Hohenmaien am 1. Mai

Ganz gleich ob Walpurgis, Beltane oder Hohenmaien: den sexuellen, leichten, verspielten Charakter haben alle Feste zum 1. Mai gemein.
Klar, dass daher heute auch Liebeszauber passen. Wer sich z. B. Punkt Mitternacht vor einen mit Kerzen beleuchteten Spiegel stellt, kann darin der Überlieferung nach seinen künftigen Partner sehen. Wenn Du Deinen Prinzen schon kennst, solltest Du mit ihm in den Mai tanzen. Einer alten Tradition nach sorgt das dafür, dass die Liebe ewig hält.

Montag **06** Mai	KW 19 Mond → Stier
TE: Mond ☽ (Intuition/Frau)	
Dienstag **07** Mai	
TE: Mars ♂ (Mut/Stärke)	
Mittwoch **08** Mai **Neumond**	
TE: Merkur ☿ (Dialog/Handel)	
Donnerstag **09** Mai	**Christi Himmelfahrt** Mond → Zwillinge
TE: Jupiter ♃ (Geld/Job)	

	Freitag **10** Mai TE: Venus ♀ (Liebe/Beauty)
Mond → Krebs	Samstag **11** Mai TE: Saturn ♄ (Lösung/Ende)
	Sonntag **12** Mai TE: Sonne ☉ (Mann/Energie)

Tag der sumerischen Götter Enki und Elil am 10. Mai

Viele Legenden berichten von zahlreichen Konflikten zwischen den beiden göttlichen Brüdern. Hast Du auch Streit mit jemandem? Folgendes Ritual hilft, den Streit beizulegen und Frieden zu finden. Zünde eine grüne Kerze vor einem Spiegel an und stell eine Schale mit Wasser davor. Rühr mit dem Finger und wirf zwei Blumen hinein. Eine Blüte symbolisiert Dich, die andere Blume die andere Person, mit der Du im Streit liegst. Betrachte die Blüten im Spiegel. So ruhig wie das Wasser wird bald auch Eure Beziehung sein. Lass die Kerze ausbrennen und entsorge Blumen und Wasser, sobald die Blüten verwelkt sind.

Montag **13** Mai	KW 20 Mond → Löwe
TE: Mond ☽ (Intuition/Frau)	
Dienstag **14** Mai	
TE: Mars ♂ (Mut/Stärke)	
Mittwoch **15** Mai	Mond → Jungfrau
TE: Merkur ☿ (Dialog/Handel)	
Donnerstag **16** Mai	
TE: Jupiter ♃ (Geld/Job)	

	Freitag
	17
	Mai
	TE: Venus ♀ (Liebe/Beauty)

Mond → Waage	Samstag
	18
	Mai
	TE: Saturn ♄ (Lösung/Ende)

Pfingstsonntag (BB)	Sonntag
	19
	Mai
	TE: Sonne ☉ (Mann/Energie)

Tag der keltischen Göttin Blodeuwedd am 19. Mai

Da der Sonnengott auf Geheiß seiner Mutter keine menschliche Frau lieben durfte, erschufen zwei Magier aus neun verschiedenen Wildblüten die Göttin Blodeuwedd – Blumengesicht.

Ein Kranz aus neun verschiedenen Wildblüten (z. B. Mariengras, Eichenblüten, Primeln, Ginster, Mohn, etc.) zieht der Überlieferung zufolge die Liebe auch in Dein Leben. Getrocknet ergibt er auch eine schöne Dekoration mit Sinn für Deine Eingangstür. Hängst Du sogar noch kleine Glöckchen daran, kannst Du die Hausgeister rufen, wenn Du Hilfe brauchst.

Montag **20** Mai TE: Mond ☽ (Intuition/Frau)	KW 21 **Pfingstmontag** Sonne → Zwillinge
Dienstag **21** Mai TE: Mars ♂ (Mut/Stärke)	Mond → Skorpion
Mittwoch **22** Mai TE: Merkur ☿ (Dialog/Handel)	Mond → Schütze
Donnerstag **23** Mai **Vollmond** TE: Jupiter ♃ (Geld/Job)	

	Freitag
	24 Mai
	TE: Venus ♀ (Liebe/Beauty)
Mond → Steinbock	Samstag
	25 Mai
	TE: Saturn ♄ (Lösung/Ende)
	Sonntag
	26 Mai
	TE: Sonne ☉ (Mann/Energie)

Tag des griechischen Gottes Hermes am 24. Mai

Der Gott der Magie, Gelehrsamkeit, Medizin und okkulten Weisheit ist auch Schutzgott der Reisenden.

Um Glück auf all Deinen Wegen – auch unterwegs – anzuziehen, kannst Du ein Bild von Hermes im Handschuhfach Deines Autos oder in Deiner Handtasche aufbewahren.

Dabei ist es völlig gleich, ob Du ein Farbbild aus einer Zeitschrift ausgeschnitten hast oder einen schwarz-weißen Ausdruck aus dem Internet bei Dir trägst.

Montag **27** Mai	KW 22 Mond → Wassermann
TE: Mond ☽ (Intuition/Frau)	
Dienstag **28** Mai	
TE: Mars ♂ (Mut/Stärke)	
Mittwoch **29** Mai	
TE: Merkur ☿ (Dialog/Handel)	
Donnerstag **30** Mai	**Fronleichnam** (BW, BY, HE, NW, RP, SL) Mond → Fische
TE: Jupiter ♃ (Geld/Job)	

	Freitag
	31 Mai
	TE: Venus ♀ (Liebe/Beauty)

Mond → Widder	Samstag
	01 Juni
	TE: Saturn ♄ (Lösung/Ende)

	Sonntag
	02 Juni
	TE: Sonne ☉ (Mann/Energie)

Tag der slawischen Göttin Gabija am 27. Mai

Sie ist eine osteuropäische Feuergöttin und Hüterin des Heims. Laut Überlieferungen konnte sie sowohl als Katze, Hahn als auch rot gekleidete Frau erscheinen. Sie wurde sehr respektiert und wie ein lebendiges Wesen behandelt, z. B. mit Brot und Salz "gefüttert".

Ein schönes Ritual ist es, bei einem Lagerfeuer im Freien die Göttin mit Brot und Salz zu füttern, indem Du es in die Flammen wirfst, um Schutz und Segen für die Familie zu bitten.

Montag **03** Juni TE: Mond ☽ (Intuition/Frau)	KW 23 Mond → Stier
Dienstag **04** Juni TE: Mars ♂ (Mut/Stärke)	
Mittwoch **05** Juni TE: Merkur ☿ (Dialog/Handel)	Mond → Zwillinge
Donnerstag **06** Juni **Neumond** TE: Jupiter ♃ (Geld/Job)	

Mond → Krebs	**Freitag** **07** Juni TE: Venus ♀ (Liebe/Beauty)
	Samstag **08** Juni TE: Saturn ♄ (Lösung/Ende)
Mond → Löwe	**Sonntag** **09** Juni TE: Sonne ☉ (Mann/Energie)

Tag der hinduistischen Göttin Sita am 6. Juni

Im antiken Indien verkörperte Sita vor allem den Schoß der Erde. Inzwischen zählt sie zu den wichtigsten Göttinnen in der indischen Mythologie.
Sie ist die richtige Ansprechpartnerin, wenn Du wahrhaftiger sein und mehr zu Dir selbst und Deinen Werten stehen möchtest. Du kannst Dich im Gebet an Sita wenden. Zünde dazu ein Räucherwerk mit Sandelholz und / oder Vanille an.

Montag **10** Juni TE: Mond ☽ (Intuition/Frau)	KW 24
Dienstag **11** Juni TE: Mars ♂ (Mut/Stärke)	
Mittwoch **12** Juni TE: Merkur ☿ (Dialog/Handel)	Mond → Jungfrau
Donnerstag **13** Juni TE: Jupiter ♃ (Geld/Job)	

	Mond → Waage	**Freitag**
		14
		Juni
		TE: Venus ♀
		(Liebe/Beauty)

	Samstag
	15
	Juni
	TE: Saturn ♄
	(Lösung/Ende)

	Sonntag
	16
	Juni
	TE: Sonne ☉
	(Mann/Energie)

Tag der ägyptischen Göttin Nephthys am 15. Juni

Sie ist die Schwester von Isis und Ansprechpartnerin für die dunklen Aspekte im Leben.

Wenn Du Trost benötigst, weil Du Dich gerade in einem Tal befindest und das Gefühl hast, dass niemand an Deiner Seite ist, dann kannst Du Dich in einer Meditation oder in einem Gebet an Nephthys wenden.

Unterstützend wirkt eine ägyptische Räuchermischung aus Mastix, Benzoe und Rosenblüten.

Montag **17** Juni	KW 25 Mond → Skorpion
TE: Mond ☽ (Intuition/Frau)	
Dienstag **18** Juni	
TE: Mars ♂ (Mut/Stärke)	
Mittwoch **19** Juni	Mond → Schütze
TE: Merkur ☿ (Dialog/Handel)	
Donnerstag **20** Juni	Sommersonnenwende Sonne → Krebs
TE: Jupiter ♃ (Geld/Job)	

	Freitag
	21
	Juni
	TE: Venus ♀
	(Liebe/Beauty)

Mond → Steinbock	Samstag
	22
	Juni
	Vollmond
	TE: Saturn ♄
	(Lösung/Ende)

	Sonntag
	23
	Juni
	TE: Sonne ☉
	(Mann/Energie)

Keltisches Alban Hefeyn am 22. Juni

In der Fülle steckt die Ahnung des Todes. Das ist die Botschaft dieses uralten Festes. Jetzt nimmt das Sonnenlicht wieder ab und das Jahr geht dem Ende entgegen. Noch heute werden vielerorts große Sonnenwendfeuer (bzw. Johannisfeuer) entzündet, um der Sonne zu huldigen.

Wirf in jedes dieser Feuer eine Handvoll getrocknete Wacholderbeeren. Einer alten Überlieferung nach lockt das gute Hausgeister an.

Montag **24** Juni TE: Mond ☽ (Intuition/Frau)	KW 26 Mond → Wassermann
Dienstag **25** Juni TE: Mars ♂ (Mut/Stärke)	
Mittwoch **26** Juni TE: Merkur ☿ (Dialog/Handel)	Mond → Fische
Donnerstag **27** Juni TE: Jupiter ♃ (Geld/Job)	

	Freitag
Mond → Widder	**28** Juni
	TE: Venus ♀ (Liebe/Beauty)

	Samstag
Saturn rückläufig (bis 15.11.2024)	**29** Juni
	TE: Saturn ♄ (Lösung/Ende)

	Sonntag
Mond → Stier	**30** Juni
	TE: Sonne ☉ (Mann/Energie)

Tag des slawischen Gottes Bannik am 30. Juni

Er ist in der osteuropäischen Mythologie der Geist des Bades. Um seinen Zorn nicht auf sich zu ziehen, darf man laut überlieferten Geschichten niemals alleine baden gehen. Da Bannik auch in die Zukunft schauen kann, darf man ihn auch zu eben dieser befragen. Dazu muss man sich in die halb geöffnete Badezimmertür stellen – mit dem Rücken ins Bad hinein. Bannik antwortet dann mit einem warmen Lufthauch, wenn die Zukunft positiv aussieht. Als Warnung vor großem Unglück soll man angeblich seine Krallen spüren.

Leere Wodkaflaschen solltest Du übrigens auf den Boden stellen, dann legt Bannik das Glück hinein.

Montag **01** Juli	KW 27
TE: Mond ☽ (Intuition/Frau)	
Dienstag **02** Juli	Mond → Zwillinge
TE: Mars ♂ (Mut/Stärke)	
Mittwoch **03** Juli	
TE: Merkur ☿ (Dialog/Handel)	
Donnerstag **04** Juli	Mond → Krebs
TE: Jupiter ♃ (Geld/Job)	

	Freitag
	05
	Juli
	Neumond
	TE: Venus ♀ (Liebe/Beauty)

	Samstag
	06
	Juli
	TE: Saturn ♄ (Lösung/Ende)

	Sonntag
Mond → Löwe	**07**
	Juli
	TE: Sonne ☉ (Mann/Energie)

Japanisches Tanabata-Fest am 7. Juli

Eine alte Legende erzählt von den zwei Liebenden Wega und Altair, zwei Sterne, durch die Milchstraße getrennt. Nur einmal im Jahr können sie sich treffen: an Tanabata. Liebende überreichen sich traditionell bis heute kleine Geschenke und schon am Vorabend werden kleine Wunschzettel in Bambus aufgehängt.

Auch wenn Du keinen Bambus in der Nähe hast: Hänge einen Wunschzettel doch einfach an einen Baum im Wald und hinterlasse ein kleines Opfer (z. B. Früchte, Blüten, o. Ä.), um Dich schon im Vorfeld für die Erfüllung zu bedanken.

Montag **08** Juli TE: Mond ☽ (Intuition/Frau)	KW 28
Dienstag **09** Juli TE: Mars ♂ (Mut/Stärke)	Mond → Jungfrau
Mittwoch **10** Juli TE: Merkur ☿ (Dialog/Handel)	
Donnerstag **11** Juli TE: Jupiter ♃ (Geld/Job)	

Mond → Waage	**Freitag** # 12 Juli TE: Venus ♀ (Liebe/Beauty)
	Samstag # 13 Juli TE: Saturn ♄ (Lösung/Ende)
Mond → Skorpion	**Sonntag** # 14 Juli TE: Sonne ☉ (Mann/Energie)

Tag der griechischen Göttin Demeter am 13. Juli

Sie ist die Göttin der Fülle, der Fruchtbarkeit und der Jahreszeiten.

Wenn Du Dir mehr finanzielle Fülle wünschst, dann kannst Du ein paar Kornhalme zu einem Zopf flechten und diesen mit einer Kupfermünze in ein fließendes Gewässer werfen. Dabei solltest Du Dich auf das konzentrieren, was Du Dir wünschst.

Montag **15** Juli TE: Mond ☽ (Intuition/Frau)	KW 29
Dienstag **16** Juli TE: Mars ♂ (Mut/Stärke)	
Mittwoch **17** Juli TE: Merkur ☿ (Dialog/Handel)	Mond → Schütze
Donnerstag **18** Juli TE: Jupiter ♃ (Geld/Job)	

Mond → Steinbock	**Freitag** **19** Juli TE: Venus ♀ (Liebe/Beauty)
	Samstag **20** Juli TE: Saturn ♄ (Lösung/Ende)
Mond → Wassermann	**Sonntag** **21** Juli **Vollmond** TE: Sonne ☉ (Mann/Energie)

Römisches Lucarienfest am 19. Juli

An diesem Tag wurden im antiken Rom Waldstücke vor ihrer Bebauung geweiht. Außerdem wurde um den Segen der Geister und Götter gebeten. Diese sollten mit einem kleinen Opfer gnädig gestimmt werden.

Wenn Du auf Wohnungssuche bist, ist heute daher der perfekte Tag für ein kleines Opferritual. Dazu passt dieses römische Gebet, das ich an moderne Gegebenheiten angepasst habe: "Ob Du eine männliche oder weibliche Gottheit bist, der dieser Platz geweiht ist, es ist Dein Recht, dieses Opfer (zum Beispiel Honig) zu empfangen. Mögest Du mir, meinem Hause und Haushalt und meinen Kindern huldreich und gnädig gesinnt sein."

Montag **22** Juli TE: Mond ☽ (Intuition/Frau)	KW 30 Sonne → Löwe
Dienstag **23** Juli TE: Mars ♂ (Mut/Stärke)	Mond → Fische
Mittwoch **24** Juli TE: Merkur ☿ (Dialog/Handel)	
Donnerstag **25** Juli TE: Jupiter ♃ (Geld/Job)	Mond → Widder

	Freitag
	26
	Juli
	TE: Venus ♀
	(Liebe/Beauty)

Mond → Stier	Samstag
	27
	Juli
	TE: Saturn ♄
	(Lösung/Ende)

	Sonntag
	28
	Juli
	TE: Sonne ☉
	(Mann/Energie)

Tag der katholischen Heiligen Anna am 26. Juli

Sie ist die Mutter der Jungfrau Maria, die Schutzheilige der Ehefrauen und Beschützerin der Armen. Wenn Du Dich sehr verzweifelt fühlst, kannst Du sie mit diesem Gebet anrufen: "Tausendmal grüße ich Dich, oh liebreiche Mutter, heilige Anna, mit Deiner liebsten Tochter Maria, mit Deinem Enkel Jesus Christus! Ich empfehle mich Dir heute und alle Tage meines Lebens, in allen Versuchungen und Gefahren, besonders aber in der gefahrvollen Stunde meines Todes. Jetzt und immer lass mich die Kraft Deines Schutzes erfahren und bewahre meine Seele vor den Anfechtungen des bösen Feindes und vor jeder Sünde. Amen."

Montag **29** Juli TE: Mond ☽ (Intuition/Frau)	KW 31 Mond → Zwillinge
Dienstag **30** Juli TE: Mars ♂ (Mut/Stärke)	
Mittwoch **31** Juli TE: Merkur ☿ (Dialog/Handel)	
Donnerstag **01** August TE: Jupiter ♃ (Geld/Job)	Mond → Krebs

	Freitag ## 02 August TE: Venus ♀ (Liebe/Beauty)
Mond → Löwe	**Samstag** ## 03 August TE: Saturn ♄ (Lösung/Ende)
	Sonntag ## 04 August **Neumond** TE: Sonne ☉ (Mann/Energie)

Tag der römischen Göttin Abeona am 3. August

Sie beschützt die Kinder bei ihren ersten Gehversuchen. Dies gilt sowohl, wenn die Kinder noch klein sind, als auch dann, wenn pubertierende Kinder flügge werden.

Du kannst diese Aufbruchsenergie unterstützen. Beschrifte dazu jeweils eine weiße, eine rote und eine blaue Kerze mit dem Namen des Kindes. Zünde die Kerzen gleichzeitig mit liebevollen Gedanken an und lass sie ganz ausbrennen.

Montag **05** August TE: Mond ☽ (Intuition/Frau)	KW 32 Merkur rückläufig (bis 28.08.2024) Mond → Jungfrau
Dienstag **06** August TE: Mars ♂ (Mut/Stärke)	
Mittwoch **07** August TE: Merkur ☿ (Dialog/Handel)	
Donnerstag **08** August TE: Jupiter ♃ (Geld/Job)	Mond → Waage

	Freitag
	09 August
	TE: Venus ♀ (Liebe/Beauty)

	Samstag
	10 August
	TE: Saturn ♄ (Lösung/Ende)

Mond → Skorpion	Sonntag
	11 August
	TE: Sonne ☉ (Mann/Energie)

Tag der slawischen Göttin Ziva am 11. August

Sie ist die personifizierte Vitalität, aus der alles hervorgeht. Sie gebietet über alle Wachstums- und Lebenskräfte, sowie über alle Hausgeister. Einer alten, bis heute in Osteuropa gelebten, Tradition nach, darf man Gäste niemals auf der Türschwelle begrüßen, umarmen oder verabschieden. Dies würde den unter der Schwelle lebenden Hausgeist verärgern. Stattdessen solltest Du den Besuch schon vor der Tür in Empfang nehmen. Stellst Du dem Hausgeist ab und an Kekse hin, kannst Du ihn nicht nur besänftigen, sondern er sorgt auch dafür, dass schlechte Menschen fern bleiben.

Montag **12** August TE: Mond ☽ (Intuition/Frau)	KW 33
Dienstag **13** August TE: Mars ♂ (Mut/Stärke)	Mond → Schütze
Mittwoch **14** August TE: Merkur ☿ (Dialog/Handel)	
Donnerstag **15** August TE: Jupiter ♃ (Geld/Job)	**Mariä Himmelfahrt** (BY, SL) Mond → Steinbock

	Freitag **16** August TE: Venus ♀ (Liebe/Beauty)
Mond → Wassermann	**Samstag** **17** August TE: Saturn ♄ (Lösung/Ende)
	Sonntag **18** August TE: Sonne ☉ (Mann/Energie)

Sternschnuppen-Maximum der Perseiden am 12. August

Ein schöner Brauch ist es, bei jeder beobachteten Sternschnuppe bzw. bei jedem Wunsch eine Münze dort zu vergraben, wo man gerade steht oder sitzt, um den Göttern ein Opfer für die Erfüllung des Wunsches darzubringen.

Die Perseiden kann man sehr gut in den Abendstunden am nordöstlichen Himmel beobachten. Die Schnuppen kommen scheinbar aus dem Zeichen Perseus, ganz in der Nähe von Kassiopeia – das sogenannte Himmels-W.

Montag **19** August **Vollmond** TE: Mond ☽ (Intuition/Frau)	KW 34
Dienstag **20** August TE: Mars ♂ (Mut/Stärke)	Mond → Fische
Mittwoch **21** August TE: Merkur ☿ (Dialog/Handel)	
Donnerstag **22** August TE: Jupiter ♃ (Geld/Job)	Mond → Widder Sonne → Jungfrau

	Freitag
	23
	August
	TE: Venus ♀
	(Liebe/Beauty)

Mond → Stier	**Samstag**
	24
	August
	TE: Saturn ♄
	(Lösung/Ende)

	Sonntag
	25
	August
	TE: Sonne ☉
	(Mann/Energie)

Tag des römischen Gottes Consus am 21. August

Er ist der Gott der neuen Aussaat. Aus den geernteten Früchten entstehen schon jetzt die Samen für die nächste Saat.

Daher darf jetzt ein erster Blick ins neue Jahr nicht fehlen. Zum einen mit einem Orakel, zum anderen aber ganz handfest mit einer Sammlung an Projektideen für das kommende Jahr.
Zünde dazu eine gelbe (als Dank für die Gaben) und eine weiße Kerze (für die neue Saat) an. Diese helfen Dir dabei, Dich zu fokussieren und Ideen festzuhalten.

Montag **26** August TE: Mond ☽ (Intuition/Frau)	KW 35 Mond → Zwillinge
Dienstag **27** August TE: Mars ♂ (Mut/Stärke)	
Mittwoch **28** August TE: Merkur ☿ (Dialog/Handel)	Merkur direktläufig Mond → Krebs
Donnerstag **29** August TE: Jupiter ♃ (Geld/Job)	

	Mond → Löwe	Freitag
		30
		August
		TE: Venus ♀
		(Liebe/Beauty)

	Samstag
	31
	August
	TE: Saturn ♄
	(Lösung/Ende)

	Sonntag
	01
	September
	TE: Sonne ☉
	(Mann/Energie)

Sternschnuppenregen der Aurigiden am 28. August

Diese besonders schönen Sternschnuppen kannst Du noch bis zum 5. September nachts gegen 2 Uhr oberhalb des Sternzeichens Zwillinge beobachten und Dir etwas wünschen.

Ein schöner Brauch ist es, die Sternschnuppen zu fangen und die Wunschenergie für später zu konservieren. Dazu musst Du einen Spiegel so halten, dass Du die Sternschnuppe darin sehen kannst. Dann soll der Spiegel sofort abgedeckt werden. Wenn Du dann Wunschenergie benötigst, entfernst Du die Abdeckung und wünschst Dir etwas. Am einfachsten geht das übrigens mit einem Klappspiegel.

Montag **02** September TE: Mond ☽ (Intuition/Frau)	KW 36 Mond → Jungfrau
Dienstag **03** September **Neumond** TE: Mars ♂ (Mut/Stärke)	
Mittwoch **04** September TE: Merkur ☿ (Dialog/Handel)	Mond → Waage
Donnerstag **05** September TE: Jupiter ♃ (Geld/Job)	

	Freitag
	06
	September
	TE: Venus ♀ (Liebe/Beauty)

Mond → Skorpion	Samstag
	07
	September
	TE: Saturn ♄ (Lösung/Ende)

	Sonntag
	08
	September
	TE: Sonne ☉ (Mann/Energie)

Tag der keltischen Göttin Vereina am 5. September

Sie ist eine Quell- und Flussgöttin und gilt noch heute als Hüterin der heilkräftigen sowie Fruchtbarkeit schenkenden Quellen. Früher pilgerten Volk und Adel zu ihren Kultstätten und riefen sie um Schutz und Segen an. Durch ihre magische Heilkraft soll sie auch so manchen Kinderwunsch erfüllt haben.

Vielleicht besuchst Du heute zum Sonnenaufgang auch eine Quelle oder einen Fluss in Deiner Nähe und bittest Vereina um Segen.

Montag **09** September TE: Mond ☽ (Intuition/Frau)	KW 37 Mond → Schütze
Dienstag **10** September TE: Mars ♂ (Mut/Stärke)	
Mittwoch **11** September TE: Merkur ☿ (Dialog/Handel)	
Donnerstag **12** September TE: Jupiter ♃ (Geld/Job)	Mond → Steinbock

	Freitag **13** September TE: Venus ♀ (Liebe/Beauty)
Mond → Wassermann	Samstag **14** September TE: Saturn ♄ (Lösung/Ende)
	Sonntag **15** September TE: Sonne ☉ (Mann/Energie)

Tag der chinesischen Göttin Chang-O am 9. September

Sie ist die chinesische "Frau im Mond" oder noch besser: "Frau AM Mond". Denn im Unterschied zu Mondgottheiten anderer Kulturen personifiziert sie nicht den Mond, sondern lebt auf ihm.

Heute ist der ideale Tag für eine Mondmeditation: Entzünde eine weiße oder silberfarbene Kerze und frage Dich, welche Gegebenheiten im Außen Du bereits so angenommen hast, dass Du Dich damit personifizierst oder gar identifizierst. Löse Dich nun von negativen Umständen und behalte nur die positiven.

Montag **16** September TE: Mond ☽ (Intuition/Frau)	KW 38 Mond → Fische
Dienstag **17** September TE: Mars ♂ (Mut/Stärke)	
Mittwoch **18** September **Vollmond** TE: Merkur ☿ (Dialog/Handel)	partielle Mondfinsternis Mond → Widder
Donnerstag **19** September TE: Jupiter ♃ (Geld/Job)	

Weltkindertag (TH) Mond → Stier	Freitag **20** September
	TE: Venus ♀ (Liebe/Beauty)
	Samstag **21** September
	TE: Saturn ♄ (Lösung/Ende)
Mond → Zwillinge Sonne → Waage	Sonntag **22** September
	TE: Sonne ☉ (Mann/Energie)

Tag der indischen Göttin Aditi am 19. September

Sie ist die Göttermutter und ihr Name bedeutet so viel wie grenzenlos und frei. Sie repräsentiert das Prinzip, dass alles möglich ist, wenn wir die Gedanken nicht binden. Ihr gegenüber steht ihre Schwester Diti, die die Grenzen des menschlichen Bewusstseins symbolisiert. Heute ist ein schöner Tag, um diese Grenzen zu weiten. Leg dazu einen Besen auf den Boden und steige ganz bewusst ein paar Mal darüber. Einer alten Überlieferung nach überschreitet man damit seine eigenen Grenzen und öffnet seinen Geist.

Montag **23** September TE: Mond ☽ (Intuition/Frau)	KW 39
Dienstag **24** September TE: Mars ♂ (Mut/Stärke)	Mond → Krebs
Mittwoch **25** September TE: Merkur ☿ (Dialog/Handel)	
Donnerstag **26** September TE: Jupiter ♃ (Geld/Job)	

	Mond → Löwe	Freitag

Freitag

27
September

TE: Venus ♀
(Liebe/Beauty)

Samstag

28
September

TE: Saturn ♄
(Lösung/Ende)

Mond → Jungfrau

Sonntag

29
September

TE: Sonne ☉
(Mann/Energie)

Tag des Erzengels Michael am 29. September

Michael gilt als Bezwinger des Teufels in Gestalt des Drachens, sowie als Anführer der himmlischen Heerscharen, die im Osten vor Gottes Thron stehen.

Wenn Du Dir seine Unterstützung im Kampf gegen Negatives wünschst, kannst Du eine rote Kerze entzünden und dazu folgendes Gebet sprechen, welches Papst Franziskus selbst vor einiger Zeit empfahl: "Heiliger Erzengel Michael, verteidige uns im Kampfe gegen Bosheit und die Nachstellungen des Teufels. Sei Du unser Schutz!"

Montag **30** September TE: Mond ☽ (Intuition/Frau)	KW 40
Dienstag **01** Oktober TE: Mars ♂ (Mut/Stärke)	
Mittwoch **02** Oktober **Neumond** TE: Merkur ☿ (Dialog/Handel)	Sonnenfinsternis Mond → Waage
Donnerstag **03** Oktober TE: Jupiter ♃ (Geld/Job)	**Tag der Deutschen Einheit**

Mond → Skorpion	**Freitag** **04** Oktober TE: Venus ♀ (Liebe/Beauty)
	Samstag **05** Oktober TE: Saturn ♄ (Lösung/Ende)
	Sonntag **06** Oktober TE: Sonne ☉ (Mann/Energie)

Tag des orthodoxen Heiligen Gregor von Khandza am 5. Oktober

Er erwarb sich der Legende nach Ruhm als Wundertäter. Überlieferungen zufolge ist er erst im hohen Alter von 102 Jahren gestorben. Besonders in Georgien gilt er bis heute als wichtiger Heiliger.

Du kannst Dich an ihn wenden, wenn Du großen Kummer hast. Zünde dazu einfach eine weiße Kerze an und sprich zu ihm.
Wenn Du eine georgisch-orthodoxe Kirche in der Nähe hast, kannst Du dort eventuell eine Ikone, zumindest aber Gebetskerzen bekommen, um Dein Gebet zu verstärken.

Montag **07** Oktober TE: Mond ☽ (Intuition/Frau)	KW 41 Mond → Schütze
Dienstag **08** Oktober TE: Mars ♂ (Mut/Stärke)	
Mittwoch **09** Oktober TE: Merkur ☿ (Dialog/Handel)	Jupiter rückläufig (bis 04.02.2025) Mond → Steinbock
Donnerstag **10** Oktober TE: Jupiter ♃ (Geld/Job)	

	Freitag
Mond → Wassermann	**11** Oktober
	TE: Venus ♀ (Liebe/Beauty)

	Samstag
	12 Oktober
	TE: Saturn ♄ (Lösung/Ende)

	Sonntag
Mond → Fische	**13** Oktober
	TE: Sonne ☉ (Mann/Energie)

Tag des griechischen Gottes Okeanos am 12. Oktober

Er ist die ursprüngliche Kraft und Bewegung des Wassers. Folgendes Gebet an ihn ist überliefert: "Okeanos rufe ich, den unvergänglichen Vater, Du wahrhaftig Ewiger, Ursprung der unsterblichen Götter und der sterblichen Menschen, der Du die Erde umwogst, als umgrenzender Kreis. Höre, Seliger, Spender von so Vielem, der großen Götter Reinigung, freundliche Grenze der Erde, Beginn des Himmelsdaches, Herrscher der Wasser, zu den anwesenden Mysten komme wohlwollend und freundlich." Wenn Du das Gefühl hast, die Energien in Deinem Leben seien gerade blockiert, oder wenn Du neuen Schwung benötigst, kannst Du Okeanos anrufen. Seine wilde Urkraft bringt Veränderung. Aber Achtung: Okeanos ist ungestüm und wird Dein Leben ordentlich durchwirbeln.

Montag **14** Oktober TE: Mond ☽ (Intuition/Frau)	KW 42
Dienstag **15** Oktober TE: Mars ♂ (Mut/Stärke)	Mond → Widder
Mittwoch **16** Oktober TE: Merkur ☿ (Dialog/Handel)	
Donnerstag **17** Oktober **Vollmond** TE: Jupiter ♃ (Geld/Job)	Mond → Stier

	Freitag **18** Oktober TE: Venus ♀ (Liebe/Beauty)
Mond → Zwillinge	**Samstag** **19** Oktober TE: Saturn ♄ (Lösung/Ende)
	Sonntag **20** Oktober TE: Sonne ☉ (Mann/Energie)

Tag des griechischen Gottes Plutos am 19. Oktober

Er ist die Personifizierung des Reichtums, der materiellen Fülle und der Schätze. Er wird oft gleichgesetzt mit Pluton, dem Gott der tieferen Erdschichten – der Unterwelt. Es ist sehr wahrscheinlich, dass es sich hier um den gleichen Gott mit unterschiedlichen Aspekten handelt. Wie auch wir Menschen unterschiedliche Seiten haben, zeigt sich dies auch bei den Göttern. Zünde heute eine violette Kerze an, die Du mit Deinem Namen beschriftet hast und gib all Deinen Seiten Raum. Meditiere, wie viele unterschiedliche Persönlichkeiten Du hast und heiße sie alle willkommen. Dies führt Dich in wohltuenden inneren Frieden.

Montag **21** Oktober TE: Mond ☽ (Intuition/Frau)	KW 43
Dienstag **22** Oktober TE: Mars ♂ (Mut/Stärke)	Mond → Krebs
Mittwoch **23** Oktober TE: Merkur ☿ (Dialog/Handel)	Sonne → Skorpion
Donnerstag **24** Oktober TE: Jupiter ♃ (Geld/Job)	Mond → Löwe

	Freitag **25** Oktober TE: Venus ♀ (Liebe/Beauty)
Mond → Jungfrau	**Samstag** **26** Oktober TE: Saturn ♄ (Lösung/Ende)
	Sonntag **27** Oktober TE: Sonne ☉ (Mann/Energie)

Tag der keltischen Göttin Arduinna am 22. Oktober

Sie wurde oft in Begleitung ihres heiligen Wildschweines dargestellt. Das Wildschwein als solches steht in vielen europäischen Bräuchen für Stabilität und Kraft. Wer von einem Wildschwein träumt, kann sich in kommenden Gefahren gut durchsetzen.

Wünschst Du Dir selbst mehr Kraft und Stärke? Dann solltest Du eine kleine Wildschweinfigur in Dein Wohnzimmer stellen.

Montag **28** Oktober TE: Mond ☽ (Intuition/Frau)	KW 44
Dienstag **29** Oktober TE: Mars ♂ (Mut/Stärke)	Mond → Waage
Mittwoch **30** Oktober TE: Merkur ☿ (Dialog/Handel)	
Donnerstag **31** Oktober TE: Jupiter ♃ (Geld/Job)	**Reformationstag** (BB, HB, HH, MV, NI, SN, ST, SH, TH)

	Freitag
Allerheiligen (BW, BY, NW, RP, SL) Mond → Skorpion	**01** November
	Neumond
	TE: Venus ♀ (Liebe/Beauty)

	Samstag
	02 November
	TE: Saturn ♄ (Lösung/Ende)

	Sonntag
Mond → Schütze	**03** November
	TE: Sonne ☉ (Mann/Energie)

Keltisches Samhain am 31. Oktober

Die Erntezeit ist vorbei und die Natur scheint zu sterben. Der November ist traditionell der Ahnenverehrung gewidmet. In der ersten Nacht des Novembers sind nach alter Sage die Schleier zur jenseitigen Welt besonders dünn und die Seelen, die diese Welt schon verlassen hatten, wandern durch die diesseitige Welt. Ich stelle in dieser Nacht eine Kerze ins Fenster, damit die Seelen meiner Vorfahren zu mir finden. Außerdem decke ich auch den Tisch für eine weitere Person, um meine Ahnen einzuladen, in dieser Nacht noch einmal bei uns zu sein. Mit Fotos und Geschichten erinnern wir uns erneut in Fröhlichkeit an unsere Liebsten, die nicht mehr bei uns sind.

Montag **04** November TE: Mond ☽ (Intuition/Frau)	KW 45
Dienstag **05** November TE: Mars ♂ (Mut/Stärke)	Mond → Steinbock
Mittwoch **06** November TE: Merkur ☿ (Dialog/Handel)	
Donnerstag **07** November TE: Jupiter ♃ (Geld/Job)	Mond → Wassermann

	Freitag
	08
	November
	TE: Venus ♀
	(Liebe/Beauty)

	Samstag
	09
	November
	TE: Saturn ♄
	(Lösung/Ende)

Mond → Fische	Sonntag
	10
	November
	TE: Sonne ☉
	(Mann/Energie)

Tag der griechischen Göttin Aglaia am 8. November

Sie ist die Göttin von Glanz, Grazie und Anmut. Sie hilft Dir dabei, Deine innere Göttin auch nach außen zu zeigen. Verbinde Dich in einem Gebet mit Aglaia, zünde eine besonders schöne Kerze (gleich welcher Farbe) in einem außergewöhnlich edlen Kerzenhalter an und visualisiere, wie die Flamme Deine innere Schönheit nach außen trägt und diese für jeden sichtbar und zum unwiderstehlichen Magneten wird.

Montag **11** November TE: Mond ☽ (Intuition/Frau)	KW 46
Dienstag **12** November TE: Mars ♂ (Mut/Stärke)	Mond → Widder
Mittwoch **13** November TE: Merkur ☿ (Dialog/Handel)	
Donnerstag **14** November TE: Jupiter ♃ (Geld/Job)	Mond → Stier

	Freitag
	15
	November
	Vollmond
	TE: Venus ♀ (Liebe/Beauty)

Mond → Zwillinge	Samstag
	16
	November
	TE: Saturn ♄ (Lösung/Ende)

	Sonntag
	17
	November
	TE: Sonne ☉ (Mann/Energie)

Tag der hinduistischen Göttin Uma am 12. November

Uma bedeutet "Mutter der ganzen Welt", aber auch "Frieden der Nacht". Uma bringt Klarheit und Erkenntnis. Daher ist dieser Tag natürlich sehr gut für ein Orakel jeglicher Art geeignet. Da Uma aber auch eine Getreidegöttin ist, passt ebenso ein Ritual aus der Küchenmagie: Grabe in der Nähe Deiner Haustür (je näher, desto besser, alternativ genügt ein Blumenkübel mit Erde) ein kleines Loch in den Boden. Streue drei Prisen Mehl hinein, leg drei Münzen dazu. Dann streu erneut drei Prisen Mehl auf die Münzen. Nun lege noch einmal drei Münzen dazu und gib wieder Mehl darüber. Dann bedecke alles mit Erde und drücke sie fest. Dieses Ritual soll die Finanzen stärken und Geld anziehen.

Montag **18** November TE: Mond ☽ (Intuition/Frau)	KW 47 Mond → Krebs
Dienstag **19** November TE: Mars ♂ (Mut/Stärke)	
Mittwoch **20** November TE: Merkur ☿ (Dialog/Handel)	**Buß- und Bettag** (SN) Mond → Löwe
Donnerstag **21** November TE: Jupiter ♃ (Geld/Job)	Sonne → Schütze

	Freitag
	22
	November
	TE: Venus ♀
	(Liebe/Beauty)

Mond → Jungfrau	Samstag
	23
	November
	TE: Saturn ♄
	(Lösung/Ende)

	Sonntag
	24
	November
	TE: Sonne ☉
	(Mann/Energie)

Tag der babylonischen Göttin Lilith am 20. November

Sie hat in den jüdischen und christlichen Schriften keinen guten Stand und wird oft verteufelt. Einige Überlieferungen sehen in ihr die erste Frau Adams, die von Gott durch die gehorsame Eva ersetzt wurde. Spirituell und astrologisch ist Lilith ursprünglich, ungeformt, natürlich und wild. Sie zeigt vor allem Frauen ihre innere Stärke und Unbekümmertheit.

Du möchtest Dir für die nächsten Wochen dieses "Pippi-Langstrumpf"-Prinzip zum Vorbild nehmen? Dann zünde heute eine schwarz-rote (reversible genannt) Kerze an, um Dich mit Lilith zu verbinden.

Montag **25** November TE: Mond ☽ (Intuition/Frau)	KW 48 Mond → Waage
Dienstag **26** November TE: Mars ♂ (Mut/Stärke)	Merkur rückläufig (bis 15.12.2024)
Mittwoch **27** November TE: Merkur ☿ (Dialog/Handel)	
Donnerstag **28** November TE: Jupiter ♃ (Geld/Job)	Mond → Skorpion

	Freitag
	29
	November
	TE: Venus ♀ (Liebe/Beauty)

Mond → Schütze	Samstag
	30
	November
	TE: Saturn ♄ (Lösung/Ende)

	Sonntag
	01
	Dezember
	Neumond
	TE: Sonne ☉ (Mann/Energie)

Tag der indischen Göttiin Tara

Sie ist dem Namen nach die Sterngöttin und gilt als Göttin der Weisheit, die aus den Verstrickungen des Samsara (Kreislauf aus Leben und Wiedergeburt) herausführt. Hast Du das Gefühl, dass Du Dich manchmal im Kreis drehst? Dann forme mit dem Daumen und Zeigefinger der linken Hand in Höhe des Herz-Chakras einen Kreis. Dies ist ein Mudra, eine Glück bringende und Kraft schenkende Handbewegung der Göttin, die Dir zu Klarheit verhilft.

Montag **02** Dezember	KW 49 Mond → Steinbock
TE: Mond ☽ (Intuition/Frau)	
Dienstag **03** Dezember	
TE: Mars ♂ (Mut/Stärke)	
Mittwoch **04** Dezember	
TE: Merkur ☿ (Dialog/Handel)	
Donnerstag **05** Dezember	Mond → Wassermann
TE: Jupiter ♃ (Geld/Job)	

	Freitag
Mars rückläufig (bis 24.02.2025)	**06**
	Dezember
	TE: Venus ♀ (Liebe/Beauty)

	Samstag
Mond → Fische	**07**
	Dezember
	TE: Saturn ♄ (Lösung/Ende)

	Sonntag
·	**08**
	Dezember
	TE: Sonne ☉ (Mann/Energie)

Tag des Heiligen Nikolaus von Myra am 6. Dezember

In der Ikonographie wird Nikolaus von Myra häufig als Bischof mit drei Goldkugeln, Schiffen oder mit einem Anker dargestellt. Er wird u. a. als Schutzpatron der Seefahrer, Kinder, Jungfrauen, Pilger und Reisenden sowie zum Schutz gegen Wassergefahren und Seenot angerufen. Den Brauch, dass die Kinder am Vorabend die Stiefel vor die Tür stellen, damit der Heilige Nikolaus kleine Süßigkeiten hineinlegt, gibt es übrigens schon seit dem 12. Jahrhundert. Folgendes Gebet ist überliefert: "Herr Jesus Christus, Du hast uns mit dem Heiligen Nikolaus ein großes Vorbild für Freigiebigkeit, Frieden, Mut und Glaubenstreue gegeben. Hilf uns, seinem Beispiel zu folgen. Amen."

Montag **09** Dezember	KW 50 Mond → Widder
TE: Mond ☽ (Intuition/Frau)	
Dienstag **10** Dezember	
TE: Mars ♂ (Mut/Stärke)	
Mittwoch **11** Dezember	Mond → Stier
TE: Merkur ☿ (Dialog/Handel)	
Donnerstag **12** Dezember	
TE: Jupiter ♃ (Geld/Job)	

	Mond → Zwillinge	Freitag **13** Dezember TE: Venus ♀ (Liebe/Beauty)
		Samstag **14** Dezember TE: Saturn ♄ (Lösung/Ende)
	Merkur direktläufig Mond → Krebs	Sonntag **15** Dezember **Vollmond** TE: Sonne ☉ (Mann/Energie)

Tag der chinesischen Göttin Kwan Yin am 15. Dezember

Sie wird manchmal auch Kuan Yin geschrieben und ist die "Maria des Ostens", eine Mutterfigur, die eng mit dem Alltagsleben verbunden ist. Um den Hals oder in der Hand trägt sie eine Gebetskette oder einen Rosenkranz, mit der sie um die Hilfe Buddhas bittet. Auch hier zeigt sich, dass die verschiedenen Kulturen mehr verbindet, als sie trennt. Rufe Kwan Yin bei Kinderwunschthemen, Erziehungssorgen oder Kummer mit erwachsenen Kindern an. Sie wird Dir Rat geben.

Montag **16** Dezember	KW 51
TE: Mond ☽ (Intuition/Frau)	
Dienstag **17** Dezember	
TE: Mars ♂ (Mut/Stärke)	
Mittwoch **18** Dezember	Mond → Löwe
TE: Merkur ☿ (Dialog/Handel)	
Donnerstag **19** Dezember	
TE: Jupiter ♃ (Geld/Job)	

Mond → Jungfrau	**Freitag** **20** Dezember TE: Venus ♀ (Liebe/Beauty)
Sonne → Steinbock	**Samstag** **21** Dezember TE: Saturn ♄ (Lösung/Ende)
Mond → Waage	**Sonntag** **22** Dezember TE: Sonne ☉ (Mann/Energie)

Beginn der Rauhnächte am 20. Dezember

Je nach Tradition beginnen heute Nacht (oder morgen oder am 25. Dezember) die Raunächte. Jede der kommenden 12 Nächte (mit Ausnahme von Heiligabend und der Silvesternacht) stehen für die kommenden 12 Monate. Befrage nun allabendlich ein Orakel und notiere Dir Deine Erkenntnisse ebenso wie Deinen Traum in der Nacht. Dies ergibt zusammen die Prognose des jeweiligen Monats.

Montag **23** Dezember TE: Mond ☽ (Intuition/Frau)	KW 52
Dienstag **24** Dezember TE: Mars ♂ (Mut/Stärke)	Heiligabend
Mittwoch **25** Dezember TE: Merkur ☿ (Dialog/Handel)	**1. Weihnachtsfeiertag** Mond → Skorpion
Donnerstag **26** Dezember TE: Jupiter ♃ (Geld/Job)	**2. Weihnachtsfeiertag**

Mond → Schütze	**Freitag** **27** Dezember TE: Venus ♀ (Liebe/Beauty)
	Samstag **28** Dezember TE: Saturn ♄ (Lösung/Ende)
	Sonntag **29** Dezember TE: Sonne ☉ (Mann/Energie)

Heiligabend am 24. Dezember

In jüdischer Tradition beginnen die Weihnachtsfeierlichkeiten bereits am 24. Dezember, am Vorabend des eigentlichen Feiertages. An diesem Abend solltest Du unbedingt Hirse essen, damit Dir im neuen Jahr das Geld nicht ausgeht. Auch ein Opfer an die Hausgeister (zum Beispiel ein Schälchen mit Keksen, das vor die Tür gestellt wird) gehört auf jeden Fall dazu. Einer alten Überlieferung nach sind Dir diese dann wohlgesonnen und werden im folgenden Jahr keine Dinge mehr verstecken.

Montag **30** Dezember **Neumond** TE: Mond ☽ (Intuition/Frau)	KW 1 Mond → Steinbock (2. Neumond im Dezember)
Dienstag **31** Dezember TE: Mars ♂ (Mut/Stärke)	Silvester
Mittwoch **01** Januar TE: Merkur ☿ (Dialog/Handel)	**Neujahrstag**
Donnerstag **02** Januar TE: Jupiter ♃ (Geld/Job)	Mond → Wassermann

	Freitag
	03
	Januar
	TE: Venus ♀
	(Liebe/Beauty)

Mond → Fische	Samstag
	04
	Januar
	TE: Saturn ♄
	(Lösung/Ende)

	Sonntag
	05
	Januar
	TE: Sonne ☉
	(Mann/Energie)

Silvester am 31. Dezember

Allerlei Bräuche ranken sich um die Nacht des Jahreswechsels. Vor allem die Energie des Neuanfangs ist stark. Diese lässt sich nutzen, um die Vorsätze durch das ganze Jahr zu retten. Dazu benötigst Du eine weiße Stumpenkerze die Du am Silvesterabend mit Deinen Vorsätzen (maximal zwei!), Deinem Namen und der Jahreszahl des kommenden Jahres beschriftest. Stell die Kerze in der Silvesternacht von außen auf das Fensterbrett oder in den Garten. Die Kerze wird sich mit den Neuanfangsenergien aufladen. Immer, wenn Du im Laufe des Jahres merkst, dass Du Dich von Deinen Vorsätzen entfernst, kannst Du die Kerze für 30 Minuten (oder eine Stunde, je nach Kerzengröße) anzünden und Dich von den Energien neu motivieren lassen.

Gesetzliche Feiertage im Jahr 2025

(Stand 08.02.2023)

Tag	Datum	Namen	Bundesland
MI	01.01.	Neujahrstag	bundesweit
MO	06.01.	Heilige Drei Könige	BW, BY, ST
SA	08.03.	Internat. Frauentag	BE, MV
FR	18.04	Karfreitag	bundesweit
SO	20.04	Ostersonntag	BB
MO	21.04	Ostermontag	bundesweit
DO	01.05.	Tag der Arbeit	bundesweit
DO	29.05.	Christi Himmelfahrt	bundesweit
SO	08.06	Pfingstsonntag	BB
MO	09.06	Pfingstmontag	bundesweit
DO	19.06	Fronleichnam	BW, BY, HE, NW, RP, SL
FR	15.08.	Mariä Himmelfahrt	BY, SL
SA	20.09.	Weltkindertag	TH
FR	03.10.	Tag der Deutschen Einheit	bundesweit
FR	31.10.	Reformationstag	BB, HB, HH, MV, NI, SN, ST, SH, TH
SA	01.11.	Allerheiligen	BW, BY, NW, RP, SL
MI	19.11.	Buß- und Bettag	SN
DO	25.12.	1. Weihnachtstag	bundesweit
FR	26.12.	2. Weihnachtstag	bundesweit

Liste der verwendeten Abkürzungen

BB	– Brandenburg	NW	– Nordrhein-Westfalen
BE	– Berlin	RP	– Rheinland-Pfalz
BW	– Baden-Württemberg	SH	– Schleswig-Holstein
BY	– Bayern	SL	– Saarland
HB	– Bremen	SN	– Sachsen
HE	– Hessen	ST	– Sachsen-Anhalt
HH	– Hamburg	TH	– Thüringen
MV	– Mecklenburg-Vorpommern		
NI	– Niedersachsen		

Kalenderübersicht 2025

Januar

	Mo	Di	Mi	Do	Fr	Sa	So
			1	2	3	4	5
2	6	7	8	9	10	11	12
3	13	14	15	16	17	18	19
4	20	21	22	23	24	25	26
5	27	28	29	30	31		

Februar

	Mo	Di	Mi	Do	Fr	Sa	So
5						1	2
6	3	4	5	6	7	8	9
7	10	11	12	13	14	15	16
8	17	18	19	20	21	22	23
9	24	25	26	27	28		

März

	Mo	Di	Mi	Do	Fr	Sa	So
9						1	2
10	3	4	5	6	7	8	9
11	10	11	12	13	14	15	16
12	17	18	19	20	21	22	23
13	24	25	26	27	28	29	30
14	31						

April

	Mo	Di	Mi	Do	Fr	Sa	So
14		1	2	3	4	5	6
15	7	8	9	10	11	12	13
16	14	15	16	17	18	19	20
17	21	22	23	24	25	26	27
18	28	29	30				

Mai

	Mo	Di	Mi	Do	Fr	Sa	So
18				1	2	3	4
19	5	6	7	8	9	10	11
20	12	13	14	15	16	17	18
21	19	20	21	22	23	24	25
22	26	27	28	29	30	31	

Juni

	Mo	Di	Mi	Do	Fr	Sa	So
22							1
23	2	3	4	5	6	7	8
24	9	10	11	12	13	14	15
25	16	17	18	19	20	21	22
26	23	24	25	26	27	28	29
27	30						

Juli

	Mo	Di	Mi	Do	Fr	Sa	So
27		1	2	3	4	5	6
28	7	8	9	10	11	12	13
29	14	15	16	17	18	19	20
30	21	22	23	24	25	26	27
31	28	29	30	31			

August

	Mo	Di	Mi	Do	Fr	Sa	So
31					1	2	3
32	4	5	6	7	8	9	10
33	11	12	13	14	15	16	17
34	18	19	20	21	22	23	24
35	25	26	27	28	29	30	31

September

	Mo	Di	Mi	Do	Fr	Sa	So
36	1	2	3	4	5	6	7
37	8	9	10	11	12	13	14
38	15	16	17	18	19	20	21
39	22	23	24	25	26	27	28
40	29	30					

Oktober

	Mo	Di	Mi	Do	Fr	Sa	So
40			1	2	3	4	5
41	6	7	8	9	10	11	12
42	13	14	15	16	17	18	19
43	20	21	22	23	24	25	26
44	27	28	29	30	31		

November

	Mo	Di	Mi	Do	Fr	Sa	So
44						1	2
45	3	4	5	6	7	8	9
46	10	11	12	13	14	15	16
47	17	18	19	20	21	22	23
48	24	25	26	27	28	29	30

Dezember

	Mo	Di	Mi	Do	Fr	Sa	So
48	1	2	3	4	5	6	7
49	8	9	10	11	12	13	14
50	15	16	17	18	19	20	21
51	22	23	24	25	26	27	28
52	29	30	31				

Magische Grundlagen

An dieser Stelle möchte ich Dir gerne das Wichtigste über Magie und Rituale mit auf den Weg geben. Denn dieser Kalender lebt von den zahlreichen Ritualen, die Du in deinem Alltag ausprobieren und zelebrieren kannst.

Alles, was ich hier schreibe, entstammt weitestgehend der traditionellen Überlieferung. Vieles habe ich alten handschriftlichen Notizen entnommen, die von meiner Großmutter und Urgroßmutter stammen.

Ich selbst habe diese Rituale übernommen, an aktuelle Gegebenheiten angepasst und teilweise adaptiert, indem ich sie mit anderen Mythen kombiniert habe.

Nun darf ich Dir also mein Wissen und meine Erfahrungen nahebringen. Kombiniere das Ganze mit deinen Wahrnehmungen und Ansichten.

Trau dich wild zu kombinieren. Ich versichere Dir, dass Du kein Unheil anrichten kannst. Sollte sich eine Kombination tatsächlich nicht vertragen, passiert im schlimmsten Fall – nichts. Das Ritual hätte dann eventuell keinen Erfolg.

Aber bitte fürchte nicht, dass eventuell etwas ins Gegenteil umschlagen könnte oder Du womöglich für den Untergang der Welt verantwortlich wärst. All das kann nicht passieren, denn auch mit den großartigen Möglichkeiten, die wir mit der Magie bekommen haben, handeln wir dennoch immer im Rahmen unseres Schicksals.

Also probiere dich aus, finde deine eigenen Wege und erfreue dich an der Spiritualität. In dieser darf nämlich jeder seinen individuellen Pfad finden.

Vielleicht geht es Dir dann wie mir, und Du empfindest tiefe Dankbarkeit für die Möglichkeiten, die Du hast.

Wir – besonders hier in Mittel- und Westeuropa – genießen eine enorme Freiheit. Wir dürfen uns die Religion frei wählen, dürfen selbst entscheiden, ob wir eine bestimmte Kirche besuchen oder nicht. Und das Ganze ohne Konsequenz für Leib und Leben.

Damit besitzt Du eine Freiheit, die in den meisten Regionen der Welt so nicht gegeben ist. Dafür bin ich aus ganzem Herzen dankbar. Für ein Wunschritual gibt es ein Standard-Rezept, das Du je nach Thema anpassen kannst und sollst.

1. Der richtige Zeitpunkt
   - Wähle den richtigen Mondstand: Soll etwas wachsen (→ zunehmender Mond)?
   - Soll etwas weniger werden (→ abnehmender Mond)?
   - Willst Du etwas Neues anfangen (→ Neumond)?
   - Oder braucht dein Vorhaben ganz besonders viel Energie (→ Vollmond)?

   - Wählen Sie den richtigen Wochentag:
     ☽ Montag – Mond – Intuition, Weiblichkeit
     ♂ Dienstag – Mars – Mut, Tatkraft
     ☿ Mittwoch – Merkur – Kommunikation
     ♃ Donnerstag – Jupiter – Finanzen, Beruf
     ♀ Freitag – Venus – Liebe, Selbstliebe
     ♄ Samstag – Saturn – Auflösung, Ende
     ☉ Sonntag – Sonne – Energie, Männlichkeit

2. Die richtige Kerze
   - Verwenden Sie nur durchgefärbte Kerzen.
   - Wählen Sie die richtige Farbe entsprechend Ihrem Wunsch:
     - violett – Spiritualität
     - rosa – Romantik, Venus
     - rot – Liebe, Mut, Mars, Fruchtbarkeit
     - orange – Ausdauer, Kreativität
     - gelb/gold – Energie, Sonne, Aktivität
     - blau – Entspannung, Vitalität
     - grün – Finanzen, Beruf, Jupiter
     - weiß – Klärung, Reinigung
     - grau/silber – Mond, Gerechtigkeit
     - braun – Kommunikation
     - schwarz – Ende, Schutz, Saturn

3. Ausführung

- Nimm Dir Zeit und gönne Dir Ruhe ohne TV, Handy oder sonstige Störung.
- Sammle dich, formuliere deinen Wunsch klar und deutlich. Je präzisere Worte Du findest, desto besser.
- Beschrifte die Kerze mit Symbolen, die zu deinem Wunsch passen, und deinem Namen. Nutze deinen Fingernagel oder einen Zahnstocher und keinesfalls ein Messer!
- Wenn Du möchtest, kannst Du die Kerze mit einem zu deinem Wunsch passenden magischen Öl einreiben.
- Entzünde die Kerze und wende dich an einen für dich passenden Gott oder Göttin. Wenn Du dich unsicher fühlst, hilft Dir vielleicht dieser Leitfaden:
- Mache die Gottheit auf dich aufmerksam, grüße sie, nenne deinen Namen.
- In manchen Religionen ist es üblich, zunächst etwas Preisendes über die Gottheit zu sagen. Also bereits erfüllte Wünsche oder Begebenheiten aus der Mythologie.
- Nenne deinen Wunsch. Vielleicht möchtest Du eine Gegenleistung (= ein Opfer) anbieten.
- Bedanke und verabschiede dich.

Bedenke, dass ein angebotenes Opfer verbindlich ist und nicht einfach nach Gusto ausgetauscht oder gar ausgelassen werden sollte. Ein Dank nach Wuscherfüllung sollte selbstverständlich sein.

Ich wünsche Dir viel Erfolg bei deinen Ritualen und eine erfüllte spirituelle Reise.

Über die Autorin

Ich heiße Stefanie Gralewski und bin in Berlin in eine Familie hineingeboren, deren Frauen das Wissen und die Mythen weiser Frauen seit Generationen weitergegeben haben. Schon als Kind spürte ich, dass ich eine besondere Gabe habe. Heute „Esoterik" genannte Themen waren für mich also genauso normal wie lesen und spielen.

Von meiner Urgroßmutter, Großmutter und Mutter wurde ich in die Geheimnisse der Zukunftsschau, des Kerzenzaubers und der Kräutermagie eingeweiht. Weitere internationale Ausbildungen (u. a. zum Angstcoach und zur Wicca-Hohepriesterin) folgten. Seit frühester Jugend beschäftige ich mich mit Geschichte und Religionen.

Zwar entschied ich mich gegen ein Studium der Geschichts- und Religionswissenschaften, aber das Interesse blieb.

Im Jahre 2006 machte ich meine Berufung zum Beruf und berate seitdem professionell Menschen aus allen Bevölkerungsschichten und aller Herren Länder. Auch Prominente aus Sport, Wirtschaft und Medien vertrauen auf meine liebevolle und einfühlsame Beratung. Seit 2010 kann man mir bei meinen Beratungen auch im TV über die Schulter schauen.

Ich wünsche mir von ganzem Herzen, dass alle Religionen in fruchtbarem Austausch zueinander finden. Toleranz sollte nicht nur von der Kanzel gepredigt, sondern auch im Alltag gelebt werden. Wahre Toleranz zeigt sich dort, wo ich andere Glaubensvorstellungen diskutieren kann – ohne zu missionieren.

Bei Interesse biete ich Workshops und Seminare zu den Mythen der Welt, Orakel und Hexen in ganz Europa an. Auch für Lebensberatungen bin ich gern erreichbar. Profitieren Sie von der exklusiven Kombination modernen Mentaltrainings mit traditionellen Orakeln und meiner langjährigen Erfahrung.

Näheres dazu und aktuelle Informationen und Termine finden Sie auf www.stefaniegralewski.de oder auf Facebook unter „Die Berliner Hexe" bzw. „Steffis Hexenkalender".

Haben Sie Fragen oder Anregungen zu diesem Buch? Gern können Sie mir schreiben! E-Mail: **office@stefaniegralewski.de**

Weitere Publikationen von Stefanie Gralewski

„Die vielen Gesichter der Jungfrau Maria – eine spirituell-historische Betrachtung"
erschienen 2014

Steffis Hexenkalender – Das Original
erschienen 2015 – 2024

Artikelreihe „Der magische Hexenkalender"
in der Zeitschrift „Zukunftsblick"
Ausgabe 10/2015 – 12/2017

Artikelreihe „Medium und Mutter"
in der Zeitschrift „Zukunftsblick"
Ausgabe 05/2016 – 05/2017

Fotokalender „Göttinnen der Welt" 2018 (erschienen 2017) Fotokalender „Göttinnen der Welt – Dark Edition" 2018
erschienen 2017